JN439176

사랑초

사랑초

강양옥 시집

계간문예

| 시인의 말 |

세 번째 시집을 상재하며

《내 영혼의 텃밭에는》《세월은 구름 타고》에 이어 세 번째 시집 《사랑초》를 상재합니다.

삶의 깊은 고뇌와 세월의 무상함을 통해 추스린 편린들과 생활의 소소한 일상을 담아 보았습니다.

그리고 수고해 주신 계간문예께도 감사드립니다.

2019년 6월

녹음의 계절에 담아 강양옥

■ 차례

2부

나무야 나무야

3부
가을이 가는 소리

4부

추억에 비치다

5부

야자수 그늘에서

6부

가는 세월

7부

겨울 바람

제1부

사랑초

사랑초

천상의 인내 닮아
엄동설한 불사한 듯
자줏빛 세 잎 물고

연보라 꽃송이들
긴 목 얼싸안고
불철주야 사랑하며

다정한 연인처럼
환하게 웃고 있다
인간의 귀감 되라
사랑초라 이름 했나.

목련화

붓끝 입술 오므리고
청순의 넋 보듬더니
부푼 가슴 부여안고
살며시 내민 속살
하얀 영혼 열었네

황홀한 옷깃마다
봄빛이 여무는데
순백의 눈부신 화심花心
그윽한 향기 날리며
하얗게 웃고 있네.

봉선화

보랏빛 봉선화
연연한 꽃잎마다
애수의 슬픔 안고

하얀 밤 지새우며
남몰래 흘린 눈물
꽃잎으로 피었나?

아련히 앉은 모습
그 슬픔 우려내
손톱 위 올려놓고

사랑을 다짐하며
노심초사 하는 밤
그 영혼 영원하리.

꽃말: 부활, 변함없는 사랑

애기똥풀

길가 애기똥풀
엄동설한 오는데
무심히 홀로 앉아
소소히 피어나서
배실배실 웃고 있다

그 생명 애처로워
거실에 두었더니
안도의 희망 안고
기쁨을 노래한다

애기똥풀 노란 영혼
너울너울 피어나서
노랗게 웃고 있다.

* 아파트 단지 내 애기 똥 풀 한포기 추위에 떨고 있다.
  집에 데려다 화분에 심었더니 노랗게 웃으며 월동준비 하고 있다.

게발선인장

외로운 게발선인장
베란다 모퉁이서
엄동설한 품고 앉아
시린 겨울 삭이더니

입춘을 제쳐 놓고
발톱마다 맺힌 정열
겸손히 고개 숙여
빨간 입술 열고 있다

'불타는 사랑' 꽃말
타오르는 불꽃 향연
그 사랑 전하려고
불꽃놀이 하고 있다.

* 베란다에 원산지가 브라질인 게발선인장이 추위가 무색하게 20세 나이에도 정열의 꽃을 피워놓고 마치 불꽃놀이 하는 듯.

튤립꽃 순정

살랑살랑 봄바람
봉울봉울 봉오리
오물오물 부풀면

살며시 벙근 입술
천상의 설레임은
만인의 미소로다

빨강 노랑 주황 보라
색 맞춰 핀 꽃봉오리
희열의 가슴 열고

천지의 환한 영혼
송이마다 머문 정
튤립꽃 순정이여!

팔달구청 여성자문위원회에서 튤립 화분을 선물했다.
서정이 가득한 봄 향기다.

코스모스 꽃길에서

만추의 영혼 닮은
외로운 코스모스
환하게 무리지어
넓은 들 가득 피었네

가녀린 몸 추스려
모진 세월 끌어안고
꽃의 사명 목숨 바쳐
일편단심 가슴 여네

고운 색 물감 들여
색동옷 치장하고
가는 발길 잡아 놓고
야살스레 웃고 있네.

히아신스 꽃에게

양파 속 둥근 집
엄동설한 품속인 양
바깥출입 자제하고

초봄이 오기도 전
비죽이 내민 입술
봄빛 물고 달빛 품고

며칠이 지난 세월
자유의 영혼 열고
터뜨린 하얀 별꽃

비애를 인내한
향기로운 꽃망울들
승부로 웃고 있네.

히아신스 꽃말 : 비애, 승부

무궁화는 나라꽃

무궁화는 나라꽃
끊임 없이 피고 지는
불사조 같은 영혼
우리의 국민성 같다

경건한 마음 보듬고
활짝 미소 짓다
다소곳이 오문 겸손
백의민족 혼 같다

무궁화사랑 나라사랑
무궁화는 나라꽃
무궁화 축제 열리니
반가워라 그 사랑

우리 모두 동참하여
무궁화 모종 들고
삼천리 방방곡곡
여기저기 심고 가꿔

무궁화 동산 만들어
8월 8일 무궁화의 날
길이길이 빛내자
우리 무궁화 만만세
대한민국 만만세!
소리 높여 외치며
무궁토록 사랑하세.

올해는 광복 70주년이고 8월 8일은 무궁화의 날이다. 무궁화의 날은 2006년 나라사랑 무궁화 어린이 기자단이 왜 무궁화 날은 없나요? 라는 질문이 시발점이 되어 그해 3월 일 만 명의 서명운동으로 2007년 8월 8일로 무궁화의 날이 선포되었다.

수원에서 주관하는 연중행사는 전국행사로 개최하고 있다.

무궁화 백일장 시낭송 시화전 무궁화 화분 나눠 주기 등등 다양한 행사가 진행된다.

모란 앞에서

모란 앞에서 모란을 본다
부푼 희망 아름 안고
세월을 지새우며

그리운 임 기다리는
풍만한 꽃가슴
만개의 부푼 꿈
열망의 눈망울로

인내로 다진 생애
사랑을 물고 앉아
모란은 아직 그렇게
봄을 기다리고 있었다.

분꽃의 향수

시골 저녁 마당가 화사하게 피던 분꽃
향수를 달래주던 추억 묻은 분꽃

한 그루 얻어다 화분에 심어놓고
축 늘어진 허리수없이 물밥 주며

온갖 정성 다하며 실망도 해보고
희망도 가져보며 고개 들라 애원한다.

일주일이 지나고 굽은 허리 펴더니
실눈 뜨고 웃고 있다
아! 경이로운 생명
구사일생 살아나 빨간 꽃 단장하고
저녁밥 지으라고 배시시 웃고 있다.

관음죽 꽃을 보며

화분에 물을 주다
주던 손길 멈추고
숨어서 미소 짓는
은밀한 관음죽 꽃
숨죽이며 바라보네

알알이 붉은 얼굴
다섯 가락 잎 속에
살며시 감춘 자태
감동의 영혼 품은
귀한 꽃 바라보네

외로움이 부끄러워
잎 뒤에 숨어 있나?
고독이 서러워서
아픔 물고 피었나?
백 년에 한번 피는
관음죽 꽃 피었네.

베란다 화분에 물을 주는데 백 년에 한 번 핀다는 관음죽 꽃이 피어 향기를 날리고 있다.

후리지아 꽃을 보며

봄 소식 전해 주려고
살며시 찾아온 꽃

천상의 향기 안고
노오란 몸 가다듬고

만인의 축복 속에
고귀한 영혼 열고

살살살 피어나는
고고하고 겸손한 꽃

후리지아 꽃 보며
내 마음도 봄이 왔네.

경기도청 벚꽃축제

경기도청 벚꽃 축제
꽃구경 행렬 속에
벚꽃 축제 구경 간다
꽃은 이 마음 알까?

구름같이 핀 벚꽃
올해도 어김없이
꽃 자랑 하고 있네
청춘 땐 설레던 꽃길

꽃은 기쁨을 안겨 줘
힘든 줄 모르던 언덕
세월이 흐르더니
차 타고 구경하네

무딘 감정 무딘 정서
설레임마저 데려간 꽃길
감정이 녹슬더니
꽃을 보며 꽃이구나.

제2부

나무야 나무야

나무야! 나무야!

나무야, 나무야, 고향 같은 나무야!
계절 옷 갈아입고 긴 밤 지새우며
무슨 꿈꾸고 있니?

산새도 잠이 들고 달빛만 아련한데
옷고름 매어놓고 서러움 속아내며
세월의 무지개 타고 마음껏 푸르다가

고향을 떠나는 날
정열의 불꽃으로, 고귀한 작품으로
아낌없이 내어주고 뿌듯해 웃음 짓는
엄마 같은 나무야!

봄

봄은 꽃이다
꽃은 봄이다.

풋봄

설익은 풋 봄이
아지랑이 타고 오면
깍지 끼고 기다린 봄
산수유 꽃에 달렸네

경첩을 제쳐두고
먼저 알고 달려 온 봄
이리 기웃 저리 기웃
냉이꽃에도 앉았네.

여름 같은 봄

봄이 오는가 하더니
어느새 여름이 왔다
오락가락 제멋대로
신풍조 일기 보며

마음도 오락가락
두꺼운 옷 입었다
반팔 옷 입었다
덥다 춥다 야단이다

자연도 오락가락
일기도 오락가락
인생도 오락가락

여름 같은 봄
누가 미리 불러 왔나?
어느 장단에 춤을 출지
때맞추기 어렵다.

봄눈

새실새실 봄눈이 내린다
젊은 날엔 설레던 눈

늙어선 낯가리는 눈
무심히 창가에서 바라본다

눈은 불로초를 먹었나?
변함없는 청춘이다

인생은 늙더니 미끄러워
무서운 눈이 되었다

우리도 봄눈처럼 변함없는
청춘으로 살 수는 없을까?

봄이 오는 소리

하늘하늘
아지랑이 피는 소리

고물고물
새싹 돋는 소리

졸졸졸 시냇물
흐르는 소리

지지배배 종달새
노래 소리

소록소록 피어나는
꽃향기 소리

재잘재잘
아이들의 이야기 소리

봄은 가만가만
그렇게 오고 있다.

꽃샘추위

봄이 온 줄 알았는데
심술궂은 꽃샘추위
동장군 위세 떨며
여린 생명 위협한다

오는 봄 시샘하다
꽃샘추위 물러가니
봄은 다소곳이
걸음마를 시작한다.

제주도의 봄

제주도의 봄이 왔네
언제나 찾아가도
이색적인 미소로
깍듯이 반겨주는
사랑하는 연인 같다

일렁이는 봄 향기
푸른 하늘 푸른 바다
맑은 공기 들고 와
한아름 담아주며
반가움을 자아낸다

곱디고운 풍경은
일편단심 불변한데
봄 고사리 꺾는 행복
춘심은 앞에 앉자
내년도 또 오란다
글쎄 또 올 수 있을까?

제주의 갈대밭

온몸 뒤척이며
가을을 토해내는
이름 모를 통곡은
여인의 탄식인 양

풍성한 춤사위로
온 들판 휘저으며
영혼의 머리 풀고
고향 자랑하고 있다

헌칠한 몸짓으로
행복을 구사하는
에스라인 요정이여!
제주의 갈대밭이여!

효원공원에 봄이 오다

희희창창 새들 노래
봉긋봉긋 꽃망울들
설레이는 바람소리

할미꽃의 하얀 하품
꿩들의 교감소리
모란꽃 빨간 입술

연못 속에 금잉어
버들가지 눈망울
신사임당 치마폭

효원 공원이 온통 봄에 묻다.

오랜만에 찾아간 효원공원

오랜만에 찾은 효원공원 변한 건 아무것도 없는데
가을 하늘 수놓은 바람개비만 무심한 세월을 돌고 있다

나무숲 작은 길목엔 신사임당 동상 음전하고
동상 치마폭엔 아이들 희희낙락 즐겁다

도토리나무 삼형제 사랑을 속삭이다
물었던 도토리 빠트리며 만삭의 몸 풀고 있다

돌아서는 발길 잡고 툭툭 던지는 도토리 노래
마음은 하늘에 걸고 행복은 땅에서 줍는다
반짝이는 도토리 알 그대 눈동자 같다
행여 그님 오시려나 나무 밑을 서성인다.

어둠이 내릴 무렵

어둠이 내릴 무렵
외출에서 돌아오면
어스름한 분위기
내게로 엄습한다

빈 도깨비집에
적막이 흐를 때면
고뇌를 떨치려고
인내를 붙잡아도

주검 같은 고독이
머물다 사라지는
어둠이 내릴 무렵
제일 싫은 순간이다.

삶의 무게

무거운 삶의 무게
날로 날로 다가오네
요사이 삶의 무게
안 무거운 게 없다네

책 한 권 옷 한 벌
모두모두 무겁다네
들어보고 또 들어봐도
모두다 천근만근

남편이 떠나기 전
사주고 간 가방 지갑
들고 다닐 틈도 없이
무용지물 되었다네

반갑지도 않은 세월
고속도로 달려 와서
무거운 삶의 무게
슬그머니 놓고 갔네

명품도 소용없고
무거운 건 다 싫다네
종이장 같은 용품
가벼울수록 좋다네

이제는 끝난 인생
모든 거 다 내려놓고
홀가분한 마음으로
세상 이별할 수밖에.

아름다운 원망

가을 물이 들었네
단풍은 찬란하고
마음은 싱숭생숭

아픈 다리 절며
원망이 싸이는데
돌이켜 생각하니

일생을 못 걷고
앉아서 사는 사람
그 사람 생각하니

단풍놀이 내 원망
사치스런 원망이고
아름다운 원망이었네.

제3부

가을이 가는 소리

가을이 오는 소리

가을이 오는 소리
소슬히 들려오면
허허로운 마음
외로움에 젖는다

사람은 한 번 가면
다시 올 수 없는데
숱한 세월 그렇게
오고가고 했는데

일편단심 만물은
새 계절 기다리며
희망 들고 서서
가을을 영접한다.

가을이 가는 소리

가을이 가는 소리
소슬히 들려오면
고운 빛 물든 세상

낙엽은 무심히 지고
세월을 버려둔 채
허무한 마음 안고

흐른 세월 달래며
가을은 자연이라
한번 가면 못 온다고

인생도 그렇다고
공수래공수거라고
가을이 가는 소리.

허허로운 가을

가을은 정을 물고
이별을 고하는데
고뇌는 하늘에 매고
달빛만 적막하다

가을은 깊어가며
아픈 세월 감싸는데
날아가는 저 기러기
무슨 사연 울고 가나

낙엽 끝에 달린 가을
바람 밀고 떠나가면
사색의 침묵 너머로
허허로운 가을 이야기.

가을밤

가을 밤 홀로 앉아
외로운 영혼 하나
숱한 시름 짜는 밤

적막은 고요를 물고
죽음 같은 고독이
가슴을 헤집는 밤

세월이 가는 건지?
인생이 가는 건지?
자연 따라 살다
자연 따라가리라.

가을을 만나려고

가을을 만나려고
뜰 앞에 나갔더니
가을은 떠나가고
낙엽만 구르네

늦는 마음 달래며
가을자락 부여잡고
가지 말라 애원해도
잡는 손 뿌리치고

뒤돌아보지 않고
야물차게 떠난 가을
힘없이 돌린 발길
허무한 단풍만 밟고 있네.

가을 끝에 달린 정

단풍이 수런대며
가을을 물들이면

불타는 영혼의 함성
고뇌 하며 지새는 밤

심연 속 푸른 달은
명경처럼 투명한데

이별의 애상 안고
가을 끝에 달린 정.

심술궂은 가을비

심술궂은 가을비
천둥번개 치더니

천하대적 누구냐
호령하며 퍼붓더니
낙엽을 쓸고 간다

어디서 왔다
어디로 가는지

심술궂은 가을비
온다 간다 말없이
도둑같이 사라진다.

비 내리는 밤

0시
비가 내린다
어둠을 적시며
침묵이 잠든 밤
가로등 불빛만
목마른 사슴처럼
빗물을 마신다

영혼을 연주하는
빗물의 소나타
바람이 싣고 온
주검 같은 고독이
까맣게 타는 밤
시름을 버려둔 채
여전히 비가 내린다.

낙엽 같은 걸음

가고 싶은 곳 많고
보고 싶은 사람 많아도
못 걸으면 끝이란 걸
걷지 못하고 알았네

방방곡곡 누비며
동문서주 하던 다리
다리가 소중한 걸
아파보고 알았네

늙음은 자연인 것
모두가 긍정하세
거스를 자 없다네
어차피 오고 가는 인생

낙엽 같은 걸음으로
남은 여생 못 가본 곳
팔랑팔랑 다니고파
꿈을 꾸며 앉아 있네.

단풍 길

알록달록 단풍 길
시름에 젖어 걷고 있네
오색찬란한 단풍들
만산홍엽 자랑하고

온다간다 말도 없이
무심이 가는 가을
외로움을 버려 두고
단풍 따라 걷고 있네

단풍은 동행 가자
팔짱 끼고 오더니
이성마저 버려둔 채
갈길 가는 나그네여

가는 길 잡지 못한
공허한 마음 달래며
세상엔 믿을 것 없다고
걷고 있는 단풍 길.

낙엽 지는 길목에서

낙엽이 지고 있다
또 한세월 가는데
불타던 너의 청춘
하늘 끝에 걸어놓고
가을을 재촉한다

낙엽들은 방황하며
길 위서 길을 잃고
어디로 가는 건지
저린 가슴 추수여
추억 따라 가고 있다

길 잃은 집시처럼
고독의 길 외로운 길
낙엽이 지는 길목에서
무심히 바라보며
낙엽처럼 서 있다.

햇빛 쏟아지는 가을

햇빛 쏟아지는 가을
명경같이 맑은 하늘
찬란한 오색 단풍

코스모스 환한 미소
노을빛에 나는 기러기
그립지 않은 게 없다

가을햇살 보듬고
소슬바람 맞으며
오곡백화 무르익는

미지의 길을 따라
가을 서정 앞세우고
사랑하는 사람과

낭만을 속삭이며
햇빛 쏟아지는 가을엔
어디로 훌쩍 떠나고 싶다.

포로수용소 계룡산 모노레일

포로수용소 계룡산 모노레일 타고
가을경치 감상하며 산속을 오른다
묵은 역사 서려 있는 아름다운 거제도

우짖는 새 소리 산속을 물들이고
마음은 하늘 향해 미지를 꿈꾸는데
어디서 까마귀 소리 청각을 뒤흔든다

오르고 내리는 모노레일 타고
인생길 구비마다 낙엽도 따라 지며
산속 가을 이야기는 끝일 줄 모른다

고지마다 숫자 보며 달리는 희망봉
삼십분 긴 세월 산속에 묻어놓고
아름다운 경치 보며 여유를 누리는데

가을은 앞장서서 길잡이 바쁘더니
모노레일 가쁜 숨결 정상을 알리고
세월따라 도착한 계룡산 전망대

눈앞에 펼쳐진 하늘 아래 장관이라
거제도 모든 전경 한눈에 담아 놓고
활짝 핀 절경은 거제도의 자랑일세.

6 · 25때 거제도 역사 현장 삽삽이 살아서
그 시대의 감흥이 눈물로 다가온다
포로수용소 역사는 새 시대의 교육이다.

가을 행궁에서

팔달산 물든 가을
행궁 뜰에 앉았네

자전거 명물택시
우리를 태우더니

요소마다 머물고
역사공부 한창이네

빛 고운 하늘 아래
마음 따라 고운데

좋은 공기 좋은 환경
사방이 호사롭네

죽을 때까지 배워도
배움은 끝이 없네

박식한 해설가님
신바람 날리는데

화령천 흐르는 물
깊은 역사 굽이 치네.

제4부

추억에 비치다

도토리나무

가을옷 갈아 입은
도토리나무 서 있네
갈색빛 마시더니
정렬 달여 세월 삭여
인내로 낳은 결실
쏙쏙 빠지는 도토리

허리 숙여 주우려다
마주친 다람쥐 눈빛
도토리 같은 눈망울로
겨울 준비 바쁜 손길
살며시 다시 놓고
일어서는 가을 날.

알밤을 주으며

성묘 하고 오는 길
빨갛게 쏟아진 알밤
어서어서 주으라고
빨간 추파 던진다

하나둘 줍는 재미
알밤 풍년 들었다고
세월을 버텨 놓고
즐거움이 넘친다

여기저기 깔깔대며
쏟아진 밤송이들
엄동설한 오기 전에
알밤 줍기 바쁘다

손자들도 따라서
허리 펼 틈 없는데
고요한 산속 세월은
햇빛을 데려간다.

병풍 정담

지아비가 선물한 여덟 폭 비단 병풍
근중이 간직한 지 반 백년이 지난 오늘

그 분 떠난 빈방 엄동설한 다가오면
장롱 위서 내려와 한기를 막아 준다

산수화 펼쳐놓고 이윽히 마주하면
묵은 정 그리움이 폭마다 살아나와
혼불로 피어나서 이야기꽃 피운다.

추억에 비치다

궂은비 내리는 날
우연히 꺼내 본 빛바랜 사진첩
유년의 내가 있고 학창시절 내가 있다

수십 년 흐른 세월
할아버지 할머니, 울 엄마 울 아버지
잘살고 있느냐고 사진으로 묻고 있다

나의 모든 역사들 생생히 살아나와
하늘나라 남편이, 가족들과 친척들이
학창시절 친구들이 마주보며 웃고 있다

문학기행 사진보고, 시상식 때 모습 보며
다시 찾아갈 수도 찾아올 수도 없는
멀리 가버린 세월
이 모든 것 추억에 비치다.

노년老年의 향수鄕愁

서릿발처럼 싸인 백발
세월 건너 달려오면
유년의 해맑은 고향
오늘따라 사무친다

고향으로 가는 구름
내 마음도 따라 간다
부모형제 같이 살던
그리운 나의 고향

일렁이던 황금물결
재령 '나무리 벌판'
먹고도 남는다 하여
붙여진 재령평야

노루 사슴 뛰어 놀던
뒷동산이 그립고
재재거리며 오가던
등하교 과수원길

시냇물에 발 담그며
쉬어가던 십리 길엔
지금도 눈 큰 황소가
밭갈이하기 바쁘겠지

해 지는 줄 모르던
천진난만한 어린 시절
할아버지 꺾어 주던
옥수수 대 단물 빨며

뛰어 놀던 고향 동네
명경처럼 환한데
가슴속 옹이가 된
잊지 못할 노년의 향수여!

노을과 초승달

서산에 지는 노을
영혼의 마음 싣고
실눈 뜨고 웃고 있다

그림 같은 붉은 노을
그 위에 살짝 걸친
하얀 눈썹 초승달

절묘한 조화로움
넋을 잃고 바라본다
아무도 그리지 못한

찰나의 자연 명화
우주의 대표 작품
기막히게 아름답다.

추억의 삼겹살

강원도 어느 펜션
비 내리던 날 저녁
가족들 둘러서서
이글이글 타는 숯불
지글지글 익는 고기
군침을 삼키는데

시각 후각 동원하다
미각마저 끌어당겨
투박한 손끝으로
굵은 소금 툭툭 뿌려
뒤집기가 바쁠세라
맛있게 먹던 고기

그 맛이 너무 좋아
너 먹거니 나 먹거니
정신없이 먹던 그 맛
지금도 생각나는
영원히 잊지 못할
천상의 삼겹살 맛.

가는 길

가는 길은 하나인데
외딴 길로 가려하네

세상의 애정의 끈
얼마나 두껍 길래

앞을 보고 뒤를 봐도
피할 길 전혀 없네

세월은 모질게도
인생만 가라하네

어차피 가는 인생
웃으며 가려하네.

걸음걸이

씩씩하던 걸음걸이
세월이 데려가더니

힘없는 걸음걸이
날로 날로 다가오네

두 다리 힘찬 걸음
못내 아쉽다네

잠자리 걸음이라도
내일보다 행복한 오늘.

사전 투표장 가는 날

봄이 꼬리를 감추던 날
5월 4일 사전 투표 하는 날
새로운 마음 가다듬고
국민의 긍지 바싹 살려 아픈 다리 데리고
콜택시 불러 타고 나의 권리 행사하러
투표장 가는 날

일생동안 한 번도
투표 결석 안했는데
투표개근상은 안 주나?
최후의 투표 같아
가슴이 울컥한다

오년 후 투표는
알 수 없는 내 수명
유종의 미 거두려고
오늘도 사전 투표하며
당당한 국민의 한 표
아낌없이 던졌다.

창가에 외비둘기

창가에 외비둘기
무심히 앉아 있다
무슨 말을 하려나?
부푼 기대 한껏 안고
가슴 설레며 바라본다

지아비의 전령사인가?
무슨 소식 들고 왔나
궁금하여 타는 가슴
고개만 끄덕이며
침묵하고 앉아 있다

비둘기는 고개 돌려
이쪽 한번 힐끔 보고
말없이 날아간다
허무는 땅에 떨어지고
기대는 하늘에 오른다.

딸과의 2박3일

해맑은 어느 봄날
셋째 딸이 찾아왔네
천사인 듯 반가운데
엄마 영혼 달래려고
청주에서 버스 세월
긴 시간 삭히면서
엄마 위한 일편단심
모두 안고 찾아왔네

엄마 생전 못해 본 것
다해 주고 싶다는 딸
정성 다해 찾아와서
'지킬앤 하이드'
오페라도 보여주고

맛있는 음식 다 사주고
스토벨리 빙수 먹으며
꿈인 듯 생시인 듯
행복했던 순간들
자고 있는 엄마 깰까

밤에 몰래 청소하고
떠난 딸 흔적 보며
텅 빈 가슴 안고
달콤한 인생 누린

딸과의 2박 3일
최고의 선물일세
최고의 행복일세.

거실에 깃든 황혼

무섭게 춥던 겨울
주황색 햇덩이가
추위를 달래려고
거실을 찾아왔다

황홀하여 설레는데
주황색 물든 황혼
순간을 서성이다
아쉬움 남겨 놓고

추위 속에 사라지고
허공 속 묻힌 슬픔
그대로 버려둔 채
하루해가 저문다.

별을 헤는 밤

까만 밤 뒤척이다
거실을 서성이면
적막이 들린 밤
희망을 더듬는데

고독은 손잡고
밤새워 놀자고
추억을 물고와
겹겹이 펼쳐 놓고

말간 눈동자
창가에 걸어두고
고뇌를 씹으며
별을 헤는 밤.

부산의 영도다리

열네 살 어린 나이
6·25때 피란 와서
건너 던 영도다리
백발 되어 건너본다

기막힌 감회 속
전쟁의 슬픔 안고
불멸의 용사처럼
영도다리 난간에서
아버지! 어머니!
목 놓아 불러본다

대답 없는 메아리
그날의 슬픈 파도
아무 일 없다는 듯
갈매기만 난다

6·25 각인 된 상흔
이제 와 돌아보며

피란의 상처 남아
애닯아 우는 가슴

흘러간 70여 년
오늘같이 생생한데

사람냄새 풍기던
자갈치 시장 국제 시장
오늘도 여전한데
어디를 둘러봐도
개벽한 부산 거리
활기찬 문명 듣고

부산 명물 영도다리
세세토록 영원하라.

회오리바람과 낙엽

의자에 걸터앉아
낙엽을 감상하며
인생을 쉬고 있다

갑자기 회오리바람
낙엽을 휩쓸더니
말없이 사라진다

어디로 갔을까?
인생도 회오리바람처럼
순식간에 떠났으면.

제5부

야자수 그늘에서

해가 바뀌는 찰나에 서서

한손엔 20018년
한손엔 20019년
두해를 움켜쥐고
줄다리기 하고 있다
그냥 보내면 되는데
그냥 맞으면 되는데

미련이 남아 설까
아쉬움이 남아 설까
새해라고 부르고
묵은 해라 부르지만
소리 없이 가는 세월

사람은 새해가 좋을까?
묵은 해가 좋을까?
웃어야 하나
울어야 하나
해가 바뀌는 찰나에 서서.

생의 기로에 서서

생의 기로에 서서
어디로 가야 하나?

길은 하나인데
길 위서 길을 묻다

구름 같은 황혼길
희망은 하늘에 달고

슬픔을 퍼마시며
인생을 쏟아 내도

아무도 없는 거리
헤매다 돌린 발길

미지의 운명 향해
온힘 다해 걷고 있다.

정월 대보름달

정월 대보름날
달을 보러 공원엘 갔다
휘엉청 밝은 달은
중천에 높이 떠서
세상을 바라보며
사랑을 보내는 밤

창공에 높은 기백
침묵 하고 있는 그대
오늘 따라 대낮인 양
맑고 밝은 저 보름달

학생들이 모여 있어
'저 달이 무슨 달이지?'
학생들 깔깔대며
모른다며 관심 없다

저 달은 정월대보름달
일 년 중 가장 큰 달.

우리나라 정월대보름명절 달
기억하라 이른다

공부만 알고 정서를 잃은 아이
아이들 잘못 아니다
우리 모두의 잘못이다
보름달 보러 나갔다
보름달만큼 실망만
안고 돌아왔다.

버스를 탄 가랑잎

버스 문이 열리자
냉큼 올라탄 가랑잎
줄서기는 고사하고
무임승차도 무시한 채
버스 안을 휘저으며
가을을 타고 간다

플라타너스 넓은 얼굴
사람 시선 외면 한 채
이리저리 뒹굴면서
좌석 찾아 헤매며
버스를 타고 가는 가랑잎
너의 집은 어디니?

야자수 그늘에서

야자수 그늘에 앉아
시원한 바람 맞으며
한가한 세월 쉬고 있다

하늘은 바다를 품고
바다는 하늘을 품고
출렁이며 달려온다

참새 떼 지저귀며
한가로이 날으는
즐거운 오후의 한낮

낭만이 다가와서
행복을 담아 준다
영원히 머물고 픈 이 순간.

외로운 금붕어

금붕어와 놀면서
외로움 달래라고
막내딸 사온 금붕어
오순도순 지내며
재롱 잔치하더니

모두들 어디 가고
빨간 붕어 혼자 남아
불러도 대답 없고
숨바꼭질 하고 있네

나나 너나 외로운 몸
친구처럼 정답게
같이 놀자 애원해도
숨어버린 금붕어

서로가 외로운데
혼자 놀면 어떠냐고
울다 지친 금붕어
밥 줄 때만 나타나는
외로운 금붕어.

택시 인생

버스만 보이던 세월
택시가 보이기 시작했네
늙음이 지름길로 오더니
척추협착증 가져왔네

오라는 덴 많은데
앉아서 천리를 가네
행동반경 줄어들고
어눌한 걸음걸이

남보기 민망하여
콜택시 부른다네
아이들 두고 간 택시비
한 장 한 장 쓸 때마다
줄어드는 택시 인생

아슴아슴 다가오는
앞날을 바라보며
나의 택시 인생은
얼마나 남았을까?

어버이날의 행복

오늘은 어버이날
카네이션 꽃바구니
저마다 손에 들고
찾아온 예쁜 딸들

한자리에 모여 앉아
맛있는 음식 나누며
화기애애한 이야기꽃
너도나도 피우네

나도 어머니
너도 어머니
동포문학상 수상 상금
딸들에게 나눠주네

이번 어버이날은
아버지 없는 어버이 날
아버지도 흐뭇하여
내 옆에 앉아 있네

화성에서 열차타고
동심으로 돌아가
수원 시내 돌아보고
화홍문을 지나고

동문 서문 남문 북문
팔달산에 오르니
어린 시절 생각나
감계가 무량하다네.

시집 가고 처음 보는
수원의 아름다움
행궁을 구경하며
정조대왕 효를 닮네

오늘은 어버이날
효심 더욱 심어 줬네
역사 도시 수원에서
행복한 하루였네.

어버이날의 성묘

신록이 눈부신 오월
어버이날 아이들과
당신을 찾아가네
그리움은 신록처럼 피고
외로움은 주검 같은데
아픈 다리 이끌고
찾아가는 동막골

고독으로 물든 산속
침묵으로 누운 영혼
애타게 기다리는
당신의 아픈 가슴
자주 뵙지 못하는
이승에 매인 몸

이밥 같은 아카시아
벌은 꿀 나르기 바쁘고
나는 산 오르기 바쁜데
어디서 뻐꾸기는
목 놓아 울고 있네

팔순을 넘긴 인생
'추억에 비치다' 수필집
당신 앞에 바쳤으니
당신 이야기 읽으며
울고 웃고 마음 풀고
어버이날 딸의 '시'를 듣고
외로운 산속 생활
해 뜨고 달 지는 밤
꿀벌 고라니 불러 놓고
친구하며 지내구려

카네이션 꽃도 함께
당신 앞에 심고 가네
우리 가족 사랑 보며
잠 못 드는 밤이면
꽃 향에 취해 잠드소서.

부모의 사랑이란?

부모의 사랑이란 무조건 사랑이다
부모의 사랑이란 무한대 사랑이다
부모의 사랑은 용광로 사랑이다
부모의 사랑은 입에 물었던 것도
자식이 맛있다면 꺼내주는 사랑이다
부모의 사랑이란 내리 사랑이다
부모의 사랑이란 대가 없는 짝사랑이다
부모의 사랑이란 부모의 희생만 있는 주검 같은 사랑이다
부모의 사랑이란 시공을 초월한다
부모의 사랑이란 공평한 사랑이다
부모의 사랑은 불면 날까 쥐면 터질까
노심초사 하는 사랑이다
부모의 사랑이란 서운한 감정
야속한 마음 승화시킨 사랑이다
부모의 사랑이란 자식의 근심걱정
밤새워 뜬 눈으로 가슴앓이 하는 사랑이다
부모의 사랑이란 인내로 승화시킨
부모와 자식 간의 가교 같은 사랑이다
이 밖에도 많은 부모의 사랑들이 있다.

기일 새벽 오신 당신

온밤 지새우다
깜박 잠든 사이
당신이 오셨네
반가워 뛰어나가
당신을 맞이하네

당신은 내 앞을 스치며
알 수 없는 말 한 마디
남기고 가는 당신

찰나의 꿈을 깨고
아쉬워 생각해도
도무지 알 수 없는
꿈속의 당신 마음.

설날이면 생각나는 어머니

설날이 돌아오면
생각나는 어머니
어머니는 밤새워
설빔 지우시느라
등잔불 돋우시고
바늘 귀 달래며
지으시던 고운 옷

분홍치마 노랑저고리
꼭 맞게 지으려고
몇 번이나 입혀보던 어머니

곱게 차려입고
사뿐 사뿐 걸어가
세배를 드릴 때면
대견하고 흐뭇하여
웃음 짓던 행복 속
보람이 묻어나네

어머니는 어디 가고
추억만 살아남아
내 마음 흔드는데
아픈 불효 뉘우치며
통곡하고 회개한들
안 계신 어머니
힘든 일 마다않고
자식위해 희생하신
거룩한 어머니여!
힘들거나 병이 나도
환하게 웃던 모습

어머니 자리에 서니
설날이면 생각나는
하늘에 계신 어머니
맛 있는 거 못해드린
하늘 나라 어머니
죽도록 보고픈
우리 어머니.

남편을 회상하며
– 남편 1주기 추도식에 바치는 시

2012년 섣달그믐 날
말없이 떠난 당신

그 동안 아무것도
변한 건 없는데
세월만 갔습니다

가슴속 남은 영혼
고독만 쌓이는데
아픈 영혼 달래며
홀로 남은 이 마음

딸 사위 손자들
가족들 모두 모여
막내딸 추모사에
흘리는 눈물

내 옆에 앉아서
듣고 있는 당신

일부는 추도예배
이부는 추모시 낭송

가족들 돌아가며
딸 한수 손자 한수
모두들 그리워
낭송하는 추모 시
밤은 깊어가고
아버지 사랑 쌓이는 밤
아이들 만나고
마음 편히 하늘로
떠나시는 당신

오늘의 이별이
내일의 만남인 것을
기다릴 줄 아는 당신.

행복 지팡이

– 자작나무 지팡이

다친 다리 소문 듣고
지인이 만들어온 자작나무 지팡이
자작나무 숨결마다 다듬고 고른 손길
사랑과 정성 담아 감동을 물고 왔네

어서 빨리 일어나
행복 지팡이 짚고
못 본 세상 다보라고
몸을 싣고 앞장서는 행복 지팡이
희망을 짚으면서 행복을 날라주는
자작나무 지팡이는 새로운 친구라네

사람은 어려서 네 발
커서 두 발
늙어 세 발
세발 인생 되었다네.

제6부

가는 세월

정동진 부채길

정동진 부채길 보려고
숨 가쁘게 달려온 곳

부채길은 천국 계단
멀고 먼 천리 길

헬기도 쉬고 앉아
내 다리 위로한다

돌아서는 발길 따라
허망한 인생 자국

정동진은 보았는데
부채길은 못 보고

인생의 처녀길로
표표히 남겨둔 채

늙음이 유죄로다
돌아서는 부채길.

세월과 인생

세월은 가는 것
인생도 가는 것
세월은 머물지 못하는 것
인생도 머물지 못하는 것
세월이나 인생이나
그저 갈 줄만 아는 것

이것이 세월이고
이것이 인생이다
세월과 인생은
다정한 친구 같다.

달빛과 더불어

봄 하늘 밝은 달빛
꽃향기 물고 앉아
이슥히 아련한데

적막은 다가와
달빛과 마주 앉아
묵은 외로움 헹구는 밤

달빛은 무심히
고독을 챙기더니
소나무 뒤로 숨는다.

떠나는 것들을 위하여

모든 것들이 떠나고 있다
그 누구의 허락도 없이
지금 이 순간도 떠나고 있다
그냥 떠나는 것이다

하늘에게 묻는다
떠나지 않는 것이 무어냐고?
하늘은 침묵으로 대답한다
떠나지 않는 것은 없다고

지구상의 모든 것들은
어제도 떠나고 오늘도 떠나고
내일도 떠난다고
다들 그렇게 떠나고 있다고

어차피 떠나야 할 인생인데
모든 욕망 내려놓고
아름다운 이별을 위해
그렇게 떠나야 한다고.

그림자

그림자 마주 앉아
독백을 마실 때면
형태만 있는 그대

늙었는지 젊었는지
도무지 알 수 없는
꼭두각시 같은 그대

그림자는 모든 모습
그대로 간직하며
아낌없이 포용한다

앉으면 앉은 대로
서면 선 채로
거짓말을 못한다

달 밝은 밤이면
더욱 선명한 그대
흐린 날이면

숨어버린 그림자

외로운 그대와
상념에 잠길 때면
달빛은 살며시 앞에 와
그림자를 지운다

세월도 지워주는
그림자가 되고 싶다.

가는 세월

달 가듯 가는 세월
온몸으로 느낄 때면

산수에 묵은 추억
줄줄이 앞을 선다

그 세월 들춰보며
벼랑 끝에 홀로 서서

모든 욕망 버리고
덩그러니 남은 인생

이럴 수도 저럴 수도 없는
황량한 들판에서

가는 세월 향하여
아픈 가슴 후빈다.

세월은 구름 타고

세월은 구름타고
두리둥실 흐르더니
하늘 끝에 걸렸네
그 세월 데려다
무릎 위 올려놓고

인생사 두드려
앞뒤를 뒤집어서
새 세월 바라보며
못한 것 다 해보며
새파랗게 살고 싶네

회오리바람 불어와
세월 들고 날더니
슬그머니 찾아와
정수박이 앉아서
백발 놓고 사라지네.

우울한 날엔

우울한 날엔
길을 나선다
발길 따라 걷는다
세월 잊고 걷는다

바람도 만나고
하늘도 만나고
낮달의 노래도
바람결에 들려온다

한숨 크게 쉬고
또 다시 걷는다
새들이 노래하며
무의식 속에 나를
깨우며 간다

한참을 걷다보면
발길이 머무는 곳
생전의 추억이

모란꽃 뿌리처럼
깊이 박인 공원

말간 눈 뜨고 앉아
기다리는 그 사람

걸음마다 뿌린 눈물
버려두고 내려오면
숨은 우울 속으로
하얀 눈만 내린다.

세상은 나에게

세상은 나에게
사람이 가는 일은
'먼저 가고 나중 갈 뿐'
그 차이뿐이라고

위로의 말 건낼 때면
과연 그럴까?
아무도 모르는 소리
이 자리 와 봐야 아는 소리

운명의 여신조차
모르는 내 마음
숱하게 달래봐도
망망대해 혼자 남은 나

아이들 전화 오면
어느새 눈물 닦고
잘 있다 걱정 말라
전화 끊고 돌아서면
다시 먹먹해지는 이 가슴.

뗏목을 타며

씻은 듯 맑은 공기
물위에서 마시네
뗏목지기 설명 따라
유유히 흐른 역사

한반도 지형 닮은
기묘한 경치 보며
물결은 감탄을 싣고
좋은 햇빛 드리우네

가는 세월 품에 안고
뗏목 타고 흐르는데
흐드러진 기쁨 속에
뗏목놀이 하고 있네.

서운한 감정

요사이 서운한 감정
날로 나로 늘어가네
잊으려 하면 서운하고
서운하면 안 잊히네

별말 아닌데 서운하고
별일 아닌데 우울하고
별일 아닌데 슬퍼지고
별일 아닌데 눈물 나고
별일 아닌데 죽고 싶고

인내로 덮으려고
온힘 다해 노력해도
어느새 나약한 감정
가슴 속을 튀어나와
서운한 감정 만든다네

늙으면 애가 된다는 말
긍정하며 살아가세

서운한 감정 처방제는 없을까?
늙음이 지름길로 오더니
서운한 감정 두고 갔네.

비 내리는 날엔

비 내리는 날엔
우울이 찾아오고
숨었던 상념들이
저마다 튀어나와
빗소리와 어울려
슬픔을 퍼붓는다

외로움 끌어안고
창밖을 서성이면
비는 추억을 물고
임 찾아 떠나고
긴 꼬리 여문 비는
또 한세월 지난다.

행복이란?

행복이란 무엇인가?
수동적인가?
능동적인가?
피동적인가?
생각해 본다

행복은 평범하고
행복은 겸손하며
행복은 모든 사람에게
무시로 찾아온다

차 한 잔의 행복
꽃 한 송이의 행복
작은 행복 큰 행복
모두모두 행복이다

행복은 소박하며
행복은 지순하여
마음속에 살면서
찾아주길 바란다

마음속 행복이
손짓하며 다가와도
먼 곳만 바라보고
찾지 못하는 사람들

주는 행복
받는 행복
모두 다 좋은 행복
그중 진정한 행복은
마음속 행복이다.

수시로 만나는 친구

내겐 수시로 만나는 친구가 있다
마음만 먹으면 언제든 만난다

외롭거나 슬플 때면 더욱 자주 만난다
친구는 위로하며 눈물을 지워준다

아무에게도 말 못하는 고충도
친구는 묵묵히 인내하며 경청한다

한참을 대화하며 소통을 하다 보면
마음이 후련해지고 평화가 찾아온다

무시로 부르면 다가오는 좋은 친구
그 친구는 바로 컴퓨터 친구다.

제7부

겨울 바람

독도를 사랑하며

독도는 우리 땅 귓속에 박힌 대못
유구한 역사 속에 편안히 앉았는데

흔들고 협박하며 못살게 구는 일본
귀 막고 눈 감아도 막무가내 우겨댄다

악한 마음 못 버리고 하얀 걸 까맣다고
협박하는 까만 양심 하늘 무서운 줄 모르나

순리대로 살아야지 남의 땅 내 땅이라
우긴다고 내 땅되나
독도는 우리 땅
영원히 지켜 보전하세.

성묘 가는 길

인적 없는 깊은 산속
외로운 영혼 하나
고란이 벗 삼아
달빛과 마주앉아
회포를 푸는 밤

적막을 헤치며
소리 없이 내리는 눈
그리움은 눈처럼 쌓이는데
주검 같은 슬픔은
산속에 묻어둔 채

임 찾아 간 섣달그믐
쌓인 눈길을 막아
아픈 가슴 감싸 안고
눈처럼 내리는 눈물

다시 오마 약속하고
헤매다 돌린 발길
기다림에 지친 영혼
외로이 울고 있네.

뒤웅박 고을에 가면

충청도는 청풍명월
아름다운 전경 보며
늦은 봄 꽃길 따라
들어선 뒤웅박 고을

마음은 평화롭고
영혼은 잠잠한데
숙연해 지는 엄숙함
천국의 어머니가 계셨다

어머니! 어머니!
구구절절 맺힌 사연
어머니 한 맺힌 절규
가슴 판에 새겨놓고
첫째부터 열째까지
어머니를 기린 시

하나하나 읽으며
흐르는 눈물

어머니 위한 효심
편편이 묻어 있어
뒤웅박 고을에 가면
어머니를 만난다
그리고 효자가 된다.

마음은 천리 길

길을 걸어본다
몸은 제자린데
마음은 천리를 간다

길 위 자신을 본다
등은 고무래등
머리는 하얀 숲

세계를 다닌 다리
그 다리 간데없고
몹쓸 다리 남았다

자연은 불가항력
걸음 수명 정년인데
추억은 일어서며

가슴을 뒤흔든다
돌아갈 수 없는 세월
허공만 바라본다.

곶자왈에 취하다

푸른 옷 휘두르고
고즈넉한 곶자왈
새들 노래 수풀의 향기

맑은 공기 마시며
줄레줄레 걷노라면
감탄의 미소 흐르고

생소한 꽃과 나무
신비스런 자연들
황홀하여 눈물 난다

앞 세월 벌써 잊고
파랗게 살은 청춘
곶자왈에 취하다.

백두산 천지에서

망향의 한 가득 품고
굳은 결심 움켜쥐고
큰 희망 품에 안고
찾아가는 백두산

설레는 가슴 재워놓고
새벽 별 안내 따라
그리운 마음 달래며
미명 안고 달린다

비행기 재촉하며
달려간 백두산
부모님 고향 그리다
못가보고 천국 가신
그 애환 사무쳐라

나도 그 자리에 와
못 볼 고향 그리워
죽을 힘 다 잡고
백두산을 오른다

천지의 파란 물
뼈 속까지 사무친 한
말갛게 드리우고
열망의 눈 크게 열고

고향아! 고향아!
목 놓아 외쳐 봐도
메아리는 대답 없고
무심한 하늘엔
구름만 흘러간다.

부산 해운대에서

갈 때마다 거듭나는
해운대 모습 보며
광한루 오색 불빛
불야성을 이루는데
천지의 찬란한 야경
황홀경에 취한다

새 명물 케이블카
해운대 바다 횡단하고
바깥 세상 내다보며
하늘인 듯 착각하며
욕망을 북돋는다

바다 위를 걷는 다리
없다 생긴 명물일세
눈으로 만 감상하고
보고도 못 걷는 노심
황혼의 엘레지여!

하늘 정원에서

꽃 수놓은 하늘 정원
연록 바람 품에 안고
맹꽁이 전차 타고
행복 찾아 도착한 곳

천지개벽 만든 천국
입 코 막던 난지도
세계 최초 시도한
기발한 명품정원

지상낙원 쌓인 희열
맑은 공기 하늘정원
한강의 푸른 물도
만세 부르며 흐른다.

해남 땅끝에서

달리고 달려간 곳
하늘인지 땅인지
넓은 들 끝을 몰라
헤매보는 하얀 영혼

동공을 활짝 열어
천지를 둘러봐도
산들은 어디 가고
넓은 들 가득하네

기린 목 무색하게
십리 오리 집 한 채
한가함 불러 놓고
태평성대 누리네

황토 흙 좋은 토질
맑은 하늘 해풍 먹고
배추 인삼 품고 앉아
침묵으로 영그는 넋

마을은 아늑하여
심신이 평안한데
여기가 땅끝 마을
산수에야 와 보네.

천리포 수목원에서

철리 포 머나먼 길
희망 안고 찾아왔네
신비의 꽃과 나무
겸손하게 반기는데
구비마다 깃든 정성

지상의 낙원인가
천국의 도원인가
천리포 옆에 끼고
만리포도 바라보네

고즈넉이 거닐며
만나는 꽃과 수목
희귀한 자태마다
이국정서 묻어나네

꽃들은 저마다
이름표 달고 앉아
오는 손 가는 손
미소로 반겨주네

외국인 아름다운 마음
우리 땅에 뿌리 심어
일구월심 가꾼 정성
피땀으로 얼룩진 보람
감탄을 불러오네

수련의 우아한 자태
발길을 멈춰 놓고
쉼터에 걸터앉아
새 희망 끌어안고
지난 세월 바라보네.

안목항 카페에서

봄빛 여문 바다 위엔
흰 갈매기 세월 날고
파도 주름 갈피갈피
옛 추억이 묻어난다
'카모마일' 차 한 잔에
모든 시름 담아 놓고
돌아 갈 수 없는 세월
구름만 흘러간다

하늘 넓은 자유 세상
모래사장 좁을세라
희희낙락 즐거운 딸들

바라보는 어미 마음
청춘을 사라지고
욕망만 충천한데
수평선은 눈감으며
인생은 허무라고

시든 세월 바라보며
남은 세월 가둬 놓고
먼 바다 바라보며
인생은 무상이로다
자로 재는 인생길.

월송정을 바라보며

월송정 늙는 솔은
세월 잊고 의연한데
화랑의 높은 기백
하늘 높이 올라 앉아
용맹을 토하는데

뜻 깊은 신라 역사
고전 된지 오래 건만
태고의 깊은 정은
나그네 발길 잡고
그 날을 얘기 바쁘다

소나무 마디마디
선조 시심 묻어나고
떨어진 솔방울은
지난 영혼 부르는데
앞 논둑 찾아온 봄

세월이 흐른다고
인생도 흐른다고
그 날 역사 간직하고
월송정은 영원하리.

겨울바람

서걱서걱 겨울바람
엄동설한 몰고 오면
해와 달도 추워서
파랗게 질린 바람

겨울바람 모진 바람
늙은 영혼 가둬 놓고
태평성대 누리는
겨울바람 미운 바람.

달력 한 장 남겨 놓고

달력 한 장 남겨놓고
그 한 장 근중하여
두 손에 받쳐 들고
세월을 휩쓸고 간
일 년 인생 계수하네

열두 장 역사 속
장장이 묻은 사연
숨 가쁘게 떼어내고
달랑 한 장 남은 달력
허무하고 아쉬워라

달력에게 물어본다
태평성대 누렸냐고
희노애락 어땠냐고
한해를 돌아보며
스스로 반성한다

달랑 한 장 남은 달력
시린 손잡아 달라
벽에서 내려오며
새핸 더 좋은 해 온다고
희망 주고 떠나간다.

계간문예시인선 143

강양옥 시집 _ 사랑초

초판 인쇄 2019년 7월 8일
초판 발행 2019년 7월 15일

지 은 이 강양옥
회 장 서정환
발 행 인 정종명
편집주간 차윤옥

펴낸곳 도서출판 **계간문예**
편집부 03132 서울 종로구 삼일대로 30길 21 종로오피스텔 1209호
주소 03132 서울 종로구 삼일대로 32길 36 운현신화타워 305호
전화 02-3675-5633, 070-8806-4052
팩스 02-766-4052
이메일 munin5633@naver.com
등록 2005년 3월 9일 제300-2005-34호
ISBN 978-89-6554-202-5 04810
ISBN 978-89-6554-118-9 (세트)

값 10,000원

잘못 만들어진 책은 바꾸어 드립니다.

이 도서의 국립중앙도서관 출판예정도서목록(CIP)은 서지정보유통지원시스템 홈페이지(http://seoji.nl.go.kr)와 국가자료공동목록시스템(http://www.nl.go.kr/kolisnet)에서 이용하실 수 있습니다. (CIP제어번호: CIP2019026170)